Lea Lorena Jerns

L-M4: Bildungssysteme und Bildungsentwicklung in Deutschland

Klausurvorbereitung in Stichpunkten

GRIN Verlag

Bibliografische Information der Deutschen Nationalbibliothek:

Die Deutsche Bibliothek verzeichnet diese Publikation in der Deutschen National-
bibliografie; detaillierte bibliografische Daten sind im Internet über http://dnb.d-
nb.de/ abrufbar.

Impressum:

Copyright © 2014 GRIN Verlag GmbH
Druck und Bindung: Books on Demand GmbH, Norderstedt Germany
ISBN: 978-3-656-73000-2

Dieses Buch bei GRIN:

http://www.grin.com/de/e-book/279224/l-m4-bildungssysteme-und-bildungsentwick-
lung-in-deutschland

GRIN - Your knowledge has value

Der GRIN Verlag publiziert seit 1998 wissenschaftliche Arbeiten von Studenten, Hochschullehrern und anderen Akademikern als eBook und gedrucktes Buch. Die Verlagswebsite www.grin.com ist die ideale Plattform zur Veröffentlichung von Hausarbeiten, Abschlussarbeiten, wissenschaftlichen Aufsätzen, Dissertationen und Fachbüchern.

Besuchen Sie uns im Internet:

http://www.grin.com/

http://www.facebook.com/grincom

http://www.twitter.com/grin_com

L-M4: Bildungssysteme und Bildungsentwicklung in Deutschland

1. Charakteristische Annahmen zur deutschen Bildungsgeschichte (FALSCHE ANNAHMEN!!):

1. Institutionalisierung (Errichtung) „von unten nach oben" – von der Elementar- zur höheren Bildung
2. Der Staat als Träger und Initiator von Bildung/Bildungseinrichtungen
3. Mit der Einführung von Schulen existiert auch die Schulpflicht
4. Die Muttersprache ist das Medium des Unterrichts

2. Charakteristische Annahmen zur deutschen Bildungsgeschichte (TATSÄCHLICHE ANNAHMEN!!):

1. Umgekehrte Errichtung („von oben nach unten"): Die Vorläufer der Gymnasien und der Universitäten als älteste „Schicht", die Grundschule als eine der jüngeren Institutionen
   - der Umfang unseres Schulsystems wird wegen der demokratischen Entwicklung abnehmen (es gibt immer mehr weniger Kinder), dafür wird es mehr Angebote im Hinblick auf die Weiterbildungen und nachberufliche Bildungen geben, da es immer mehr ältere Menschen gibt
2. Die Kirche als Träger von Bildung, staatliche Einrichtungen im Wesentlichen erst seit der Reformation
3. Normierung der Schul- bzw. Unterrichtspflicht im 18. Jahrhundert, die Realisierung ist gegen Ende des 19. Jahrhunderts abgeschlossen
4. Dominanz der lateinischen Sprache
   - (es ging lange nur um Latein und nicht um deutsch)

3. Die Entstehung der organisierten Unterweisung in der Antike

1. In früheren Kulturen vollziehen sich Erziehung und Lernen ohne besondere Veranstaltungen (Institutionen oder Organisationen) als Bestandteil der alltäglichen Lebenswelt
2. Organisierte Unterweisung entsteht vor allem dort wo es um die Schulung oder um die Ausbildung spezialisierter Kompetenzen (Lesen und Schreiben) geht oder um den

Zugang zu spezialisierten Wissensfeldern (Philosophie, Religion, Astronomie)

3. Aufgrund dessen finden sich in antiken Hochkulturen viele Beispiele für solche Formen – in der Regel im Zusammenhang mit der Existenz einer Schriftkultur.

4. Alle diese Einrichtungen haben einen kleinen Adressatenkreis, dadurch entstehen bereits früh ein gefährliches doppeltes Problem was noch heute existiert: Schulbesuch als Privileg und Privilegierung durch Schulbesuch

4. Ursprünge des Begriffs „Gymnasiums"

1. Der Begriff des Gymnasiums taucht erstmalig im 6. Jahrhundert vor Christus in Griechenland auf, später auch im römischen Reich

2. Ursprünglich handelte es sich bei dem Begriff Gymnasium um Sportstätten und Sportschulen. Körperliche Ertüchtigung hatte eine herausragende kulturelle Bedeutung

3. Etwa seit dem 2. Jahrhundert vor Christus bezeichnete der Begriff auf Einrichtungen intellektuell-ästhetischer Bildung (z.B.: Philosophenschulen, Sprachschulen oder Rethorikschulen)

4. Es gab zu dieser Zeit bereits erste Ansätze einer Stufung des Lernens – aber nicht im modernen Sinne. Die Stufen waren Folgende:

- Elementarunterricht

- Grammatik/Rethorikunterricht

- Akademien (Platons Philosophenschule)

5. Auch erst die Vorstellungen eines Lehrplans oder eines Fächernkanons (septem artes liberales = 7 freie Fächer/Disziplinen) (es ist das Grundgerüst des Lehrplans) tauchen schon in der Antike auf. Obwohl es unterschiedliche Entwürfe gab, war der Kanon schon früh relativ prominent.

- (alles basiert auf Abschlüssen, Zertifikaten, Berechtigungen, etc.)

- der Fächerkanon ist die Grundbildung des freien Staatsbürgers

(Unterschied Curriculum und Lehrplan: Daneben gibt es in einigen Bundesländern auch die Bezeichnungen Rahmenplan oder Rahmenlehrplan. Sie betonen stärker die Planungsfreiheiten der Lehrkräfte im Rahmen des Plans. Ein *Curriculum* umfasst darüber hinaus das ganze Konzept der Lehr- und Erziehungsmethoden und -zielsetzungen einer Bildungseinrichtung.)

6. Der Kanon wird in zwei Stufen geteilt (septem artes liberales:

- einem trivium (Grammatik, Rethorik und Dialektik)

- und einem quadrivium (Arithmetik (Rechnen mit Zahlen), Astronomie,

Geometrie und Musik)

7. Aber: In der Antike gab es weder eine systematische Schulpolitik noch eine Flächendeckende Versorgung mit Bildungseinrichtungen

5. Bedeutung des Christentums für die okzidentale (westlich/abendländisch) Bildungsentwicklung

1. Das Christentum hatte einen großen Einfluss auf die okzidentale Bildungsentwicklung
2. Eine der Besonderheiten des Christentums ist seine Überlieferung/Weitergabe als Buchreligion
3. Der christliche Einfluss auf die Entwicklung des Lehrens und Lernens hat die antiken Bildungtraditionen aufgenommen
4. Mit der in die lateinische Sprache übersetzten Bibel wird die Beherrschung der lateinischen Sprache als Grundlage des Christentums zur europäischen Bildungssprache. Das Erlernen der lateinischen Sprache wird somit zum Zentrum des Lehrens und Lernens

6. Anfänge organisierter Unterweisung im deutschen Sprach- und Kulturraum im 8. Jahrhundert (Karolingerzeit) → Beginn der Strukturierung der Bildung (Organisation im Gymnasium und Schule im Allgemeinen)

1. Übergang zur Ausbildung einer Schriftkultur als Teil der Christianisierung (Buchreligion lateinische Bibel)
2. Erfordernis einer kleinen Bildungselite schriftkundiger Experten (Lesefähigkeit und Schreibfähigkeit) → z.B. Lehrer
3. Erste Schulen/Unterrichtseinrichtungen entstehen als Teil dieses allmählichen Übergangs bzw. Aufkommens einer Schriftkultur
4. Der Klerus (Gesamtheit der Angehörigen eines geistlichen Standes; „Alle Menschen, die in der Kirche Tätig sind") insbesondere Mönchstum als Träger der Schriftkultur – keine weltliche Intelligenz
5. Bedeutung der lateinischen Sprache als Kirchen-, Amts- und Wissenschaftssprache, Latein (nicht die Muttersprache) als Kommunikationsmedium der christlichen Kultur
6. Sprachbeherrschung als soziales Unterscheidungsmerkmal zwischen Laien und Klerus

7. Frühere Bildungseinrichtungen als Veranstaltungen für die Ausbildung des Klerikernachwuchses, nicht für ein Laienpublikum und auch nicht für dean Adel

7. Bildungseinrichtungen in Deutschland in der Zeit des Mittelalters entwickeln sich in 4 Schichten

1. **Schicht: Kloster- und Domschulen (= kirchliche Lateinschulen): Klosterschulen gibt es seit dem 8. Jahrhundert und Domschulen gibt es später**
2. **Schicht: Universitäten bzw. Einrichtungen zum Studieren: gibt es in Deutschland seit dem 14. Jahrhundert und in Europa seit dem 12. Jahrhundert**
   - früher wurde das Studium über die Kompetenzen beurteilt, heute über den Titel (den Erwerb von Titeln), es war unklar welche Kompetenzen die Person überhaupt hatte
   - Baccalarius = Bachelor und war früher Geselle
   - Magister = Master und war früher Meister
3. **Schicht: Trivial-, Rats-, Pfarr- oder Stadtschulen: Stadtschulen (städtische lateinschulen) existieren seit dem 13. Jahrhundert. Sie werden auch Partikularschulen genannt**
   - es gingen nur Minderheiten zur Schule, die Kirche spielte eine wichtige Rolle
4. **Schicht: Deutsche Schreib- und Rechenschulen: es gibt sie seit dem 15. Jahrhundert (nicht so wichtig)**
→ die ersten drei Schichten verkörpern die lateinische Kultur des Mittelalters (als Kommunikationssprache, nicht nur als Schriftsprache)
→ in diesen 4 Schichten hat sich das Bildungssystem entwickelt

8. Kloster- und Domschulen

1. **Mehrfache Aufforderung zur Gründung von Schulen**
2. **Kirchliche, keine selbstständigen oder öffentliche Einrichtungen**
3. **Es gab keine institutionelle Normierung, aufgrund dessen gab es erhebliche regionale Unterschiede und jede Schule war ihr eigener Prototyp**
4. **Ziel: Die Ausbildung des geistlichen Nachwuchses**
5. **Ausbildungsziele: Beherrschung der lateinischen Sprache in Wort und Schrift**
   - **Elementarziel: Lesen**

- mittleres Ziel: Schreiben
- Advanced-Level: die Auslegung von Texten des Alten und Neuen Testaments
  der Bibel

6. Vier Unterrichtsstufen:
   - Trivium der artes
   - Quadrivium der artes
   - theologisches Studium
   - Einüben der Buchstaben, Lesen, Schreiben, Auswendig lernen, Gesang

7. Lehrbücher

8. Klerus als Träger der Schriftkultur

9. Verhältnis von Universitäten und Lateinschulen im Mittelalter

1. Dominanz der septem artes liberales

2. Geringe curricurale Differenzierung zwischen schulischer Vorbildung und
akademischem Studium

3. Strikte rechtliche Trennung zwischen Universitäten (überregionale Einrichtungen mit
privilegiertem Status) und Schulen (regionale Einrichtungen ohne Privilegien)

10. Universitäten im Mittelalter

Formen der Universität:
   - die ältesten Universitäten wurden nicht gegründet sondern entstanden in einem
     längeren Bildungs- und Formierungsprozess
   - sie entstanden oft aus vorhandenen Schulen heraus
   - zwei Universitätstypen waren zu unterscheiden:
     1. Universitäten aus Gewohnheit:
        - in einem „Akt der Selbsthilfe" schlossen sich wandernde Gelehrte
        (Magister) und ihre Schüler zu Korporationen zusammen, um
        ihren rechtlichen und sozialen Status durch Verhandlungen mit
        kirchlichen Institutionen zu regeln. Dazu zählten z.B.:
        Schutzrechte, Privilegien (Aufenthaltsrechte) und Steuern
        → auf diese Weise formte sich allmählich die Universität als
        Institution

- <u>Die Bedeutung von Korporationen:</u>

Die Entstehung der Universität steht sozial und
rechtsgeschichtlich in einer Reihe mit anderen vergleichbaren
Formen von Gruppenbildungen im Mittelalter (z.B.: Zünfte)
- diese Korporationen bzw. Körperschaften hatten das Recht
ihre eigenen Angelegenheiten zu ordnen
→ daher resltiert der Ursprung der Vorstellung der
Hochschulautonomie, die zunächst keine Lehr-, Lern-
oder Forschungsfreiheit meinte, sondern eine korporative
Selbstständigkeit

- <u>Name der Universität</u>
- die Universität trug ursprünglich zwei Bezeichnungen:
    - Gemeinschaft bzw. Genossenschaft im körperschaftlichem
    Sinne
    - Universität als Lehranstalt
- Konsequenzen der „Universität als Lehranstalt":
    - Sonderstellung der Universität als Institution einer eigenen
    Art obwohl die große Mehrzahl ihrer Angehörigen
    Kleriker waren
2. Gründungsuniversitäten

Aufbau der Universität und Studium:
    - eine vollständige Universität bestand aus 4 Fakultäten:
        - Artistenfakultät als untere Fakultät
        - es gab drei obere Fakultäten: Theologie, Jura und Medizin
    - Grade:
        - Baccalarius (Geselle)
        - Magister (Meister)
        - doctor
    - die Vorlesung war der wichtigste Lehrveranstaltungstyp

11. Stadtschulen im Mittelalter (bis zum 16. Jahrhundert)

1. Dom- und Klosterschulen überschreiten im 13. Jahrhundert ihren Höhepunkt, sie werden mehr und mehr abgelöst durch städtische (lateinische) Schulen
2. Schulentwicklung als Teil der Städteentwicklung, Städte als Zentren von Handel und Gewerbe
3. Übergang von städtischen Schichten (Kaufleute, teilweise im Handwerk, Verwaltung) zur Schriftlichkeit, wachsende Bedürfnisse an Grundbildung – zunächst noch im Medium der lateinischen Sprache
4. Zwei Schultypen: Pfarrschule (kirchlich) und Ratsschule
5. Andere Bezeichnungen: Trivialschule und Partikularschule
6. Es gab teilweise heftige Kämpfe im Hinblick auf die Zustände zwischen der Kirche und Stadt
7. Schnelle Ausbreitung der Institution Schule: gegen Ende des 15. Jahrhunderts gab es eine Schule in jeder größeren Stadt
8. Curriculum: es gab kaum Unterschiede zu den kirchlichen Lateinschulen (Konzentration im Rechen)
9. Didaktik: Latein als Schulsprache, auswendig lernen als didaktisches Prinzip, strenge Disziplin
10. Ab dem 15. Jahrhundert: es entstanden deutsche Lese-, Schreib- und Rechenschulen aus den Bedürfnissen des städtischen Bürgertums heraus (mangelnde Praktikabilität/Verwendbarkeit des Lateinischen), massiver kirchlicher Widerstand, seit dem 16. Jahrhundert gab es auch ländliche Sonntagsschulen

12. Das höhere Bildungswesen unter dem Einfluss von Humanismus und Reformation

1. Begriffe und Definitionen:

Reformation:

- **Reformation** (von lat. *reformatio* „Wiederherstellung, Erneuerung") bezeichnet im engeren Sinn eine kirchliche Erneuerungsbewegung zwischen 1517 und 1648, die zur Spaltung des westlichen Christentums in verschiedene Konfessionen (katholisch, lutherisch, reformiert) führte. Die Reformation wurde in Deutschland überwiegend von Martin Luther angestoßen.
- noch wichtiger als Luther im Hinblick auf die Reformation war Phillip Melanchthon
- die drei historischen Bedeutungen der Reformation:

    1. Die innerkirchliche/theologische Reformbewegung (eigene Kirche)

2. Fürsten bekannten sich zu dieser Bewegung, Interesse an größerer politischer
Unabhängigkeit

3. Reformation als pädagogische/bildungsgeschichtliche Reformbewegung

- größere intellektuelle bildungs- und politikgeschichtliche Wirkung passiert erst durch die
Verbindung mit dem Humanismus (siehe Melanchthon) und Reformation (Luther)

- wesentliche theologische Differenzen zwischen den katholischen und der evangelischen
Kirche:

- Rechtfertigungslehre

- Bedeutung des persönlichen Glaubens und Gewissens, Individualisierung der
Beziehung zu Gott

- Gottes Wort als oberste Autorität, Bibelaneignung und –auslegung durch jeden
Christen

- veränderte Bedeutung des Pfarramtes (Betonung des Lehramtes)

- Konsequenzen von diesen theologischen Differenzen:

- Aufwertung der deutschen Sprache

- „Lesen können" als allgemeines Bildungsziel

- Individualisierung und Lesekompetenz

- politische Konsequenzen von den theologischen Differenzen (Etablierung eines neuen
Verhältnisses zwischen Staat und Kirche):

- Konzentration der Kirche auf Glaubensangelegenheiten

- Rückzug der Kirche aus staatlichen Angelegenheiten

- die Kirche wird dem Staat unterstellt

- Schule als Teil der alten Kirchenordnung wird jetzt zur Aufgabe der staatlichen
Obrigkeit

→ aber die Kirche ist im Auftrag des Staates weiterhin für die Bildung zuständig

Humanismus:

- **Deutscher Humanismus** ist die Bezeichnung einer Bildungsbewegung der Renaissance, die
sich im 15. und 16. Jahrhundert in Deutschland ausbreitete. Anfangs wurde das Gedankengut
des italienischen Renaissance-Humanismus übernommen, später kam es auf deutschem
Boden zu einer eigenständigen Weiterentwicklung, die teils von einem starken kulturellen
Nationalismus geprägt war.

2. Im 16. Jahrhundert kam es zu größeren Veränderungen in der bisherigen Verfassung höherer (lateinische Schulen)

3. Hier entstehen eine Grundstruktur eines höheren Schulwesens die im Kern bis zum Ausgang des 18. Jahrhunderts erhalten bleibt (es gingen nur Minderheiten zur Schule)

4. Insofern bildet das 16. Jahrhundert eine gewisse Zäsur (bildungshistorische Zäsur) in der Geschichte der höheren Bildung

5. Dominanz des Lateinischen und des Religiösen, Didaktik der „Drillschule" (die Kirche spielte eine sehr wichtige Rolle)

6. Historische Rahmenbedingungen: Renaissance, Reformation und Humanismus

13. Renaissance und Humanismus

1. Begriffe und Definition

Renaissance:

- Der Begriff **Renaissance** (französisch: *Wiedergeburt*) beschreibt eine europäische Kulturepoche hauptsächlich des 15. und 16. Jahrhunderts. Die Bezeichnung Renaissance wurde im 19. Jahrhundert geprägt und bringt das Bemühen zeitgenössischer Künstler und Gelehrter zum Ausdruck, die kulturellen Leistungen der griechischen und römischen Antike nach dem ausklingenden Mittelalter wieder neu zu beleben.

- die Renaissance ist eine von Italien ausgehende kulturelle Bildungsbewegung, sie dient zur Wiederbelebung des antiken Bildungswissen in klassischer Form (klassisches Latein, Hinwendung zur griechischen Sprache, Ästhetik, Poetik, etc.)

- eine Bewegung die überwiegend außerhalb der etablierten Bildungseinrichtungen stattfand

- latenter Konflikt zwischen herkömmlichen, kirchlich-religiösen und modernen Lebensformen

- sozialer Träger: weltliche Gelehrte und Teile des Adels

Renaissance und Humanismus in Verbindung:

- Gemeinsam ist ihnen eine optimistische Einschätzung der Fähigkeit der Menschheit, zu einer besseren Existenzform zu finden. Es wird ein Gesellschafts- und insbesondere Bildungsideal entworfen, dessen Verwirklichung jedem die bestmögliche Persönlichkeitsentfaltung ermöglichen soll. Damit verbindet sich Kritik an bestehenden Verhältnissen, die aus humanistischer Sicht diesem Ziel entgegenstehen.

2. Erkenntnis:

Es gibt eine Form von Wissen auf <u>nicht</u> kirchlicher/theologischer Basis beruht
→ es gibt geistliches/intellektuelles Wissen (modernes Wissen)
→ deswegen ändern sich auch die Anforderungen an die Bildungseinrichtungen
(individuelles Lernen führt zu individueller Bildung)
→ Bildung ist nicht mehr über die Kirche definiert
→ alle Menschen sind Lehr- und Bildungsfähig (Literatus = der gebildete Mensch – er
konnte lesen und schreiben)
→ der eigentliche Begriff „Bildung" entsteht erst viel später

3. Im Hinblick auf die Geisteswissenschaftlichkeit:

- Das Wissensverständnis löst sich von der Kirche los
- Wiederentdeckung der Idee des Individuums
- Überzeugung von der Bildungsfähigkeit und Bildungsnotwendigkeit des Menschen

14. Neuordnung des Bildungswesens durch die Reformation

1. Die Auflösung bzw. Umwandlung der alten kirchlichen Lateinschulen
2. Die Schule als öffentliche Aufgabe (Gemeindeschule, Landesschule)
3. Förderung auf der nicht-lateinischen Volksbildung, beginnende Alphabetisierung auf
niedrigem Niveau
4. Es beginnt die Entwicklung des Kulturföderalismus in Deutschland

15. Schulentwicklung und Schulreform

1. In den Sturmjahren der Reformationszeit gab es eine Schulkrise: das alte
Schulwesen/alte Bildungsstrukturen zerfällt/zerfallen, Rückgang des Schulbesuchs
2. Mehrfache Appelle seitens Mütter, das christliche Schulen errichtet und erhalten
werden sollen
3. Es entstehen zwei Typen der protestantisch-humanistischen Lateinschule:
    - die alte städtische Lateinschule mit reformiertem Curriculum (Latein wird
    reformiert – weg vom Kirchenlatein hin zum literarischen Latein), Träger ist
    die Stadt, Funktion: allgemeine Stadtschule

- es entsteht die Landesschule, überwiegend durch die Umwandlung von frühere Kloster- bzw. Domschulen, Träger ist das Land (Verstaatlichung von Schulen)

4. Neuordnung des Schulwesens mithilfe der Schul- und Kirchenordnung, Schulaufsicht durch die Kirche

5. Landesschulen bzw. Gelehrtenschulen sind die Vorläufer der späteren Gymnasien
  - Aufgaben der Gelehrtenschulen:
    - Nachwuchs für Kirche und Staat
    - Vorbereitung auf das Studium
    - fließende Übergänge zwischen der städtischen Lateinschule und der Uni
    - Gelehrtenschulen verfügen häufig über eigene Einkünfte
    - Stipendien (daher gewisse soziale Offenheit)

6. Große Einheitlichkeit im Curriculum (Verbindung von Glaubenslehre und humanistischer Sprachkompetenz)

7. Trivium als Basis, klassisches Latein und in großen Schulen gab es erstmalig auch griechisch. Religiöse Glaubenslehre (als Fach)

8. Große Bedeutung des Sprachunterrichts (Verstehendes Wortes Gottes), deutsche Sprache kommt nicht vor

9. Einsetzender Wandel der alten Artistenfakultät durch Verwissenschaftlichung zur späteren philosophischen Fakultät

10. Langsame Auseinanderentwicklung und Arbeitsteilung zwischen Gelehrtenschule und der Universität (Schulbesuch vor der Studienaufnahme wird langsam zum Regelfall)

16. Schulreform in den katholischen Territorien

1. Die konfessionelle Spaltung führt zur Reform der katholischen Lateinschule (kirchliche Lateinschulen werden in staatliche Schulen umgewandelt/Verstaatlichung)

2. Gründung des Jesuitenordens

3. Einrichtung von Jesuitenkollegien als zentrale neue katholische Bildungseinrichtung, es gibt viele Hybrideinrichtungen (Einrichtungen zwischen Gymnasien und Universitäten/man weiß also nicht ob es Schulen oder Universitäten sind)

4. Detaillierte Regelungen der Stufenfolge, Stundenplan, Lehrbücher, Prüfungen, Hausaufgaben

17. Am Ende des 16. Jahrhunderts in Deutschland vorhandene höhere Schulen

1. Protestantische städtische Lateinschulen (muttersprachliche Bildung ist wichtig)
2. Protestantische Landes- bzw. Gelehrtenschulen
3. Jesuitenkollegs/-kollegien
4. Hybrideinrichtungen (z.B.: akademische Gymnasien, Ritterakademien), (bunte Vielfalt an Schulen bildete sich)
5. Wandel der Artistenfakultät: Entwicklung zur philosophischen Fakultät

18. Höhere Schulen zwischen der Reformation und dem Ende des 18. Jahrhunderts

1. Zunehmende Arbeitsteilung zwischen der höheren Schule und der Universität, der Schulbesuch vor dem Unibesuch wird zur Regel, ABER: keine Übergangs- bzw. Zugangsregelungen, Wie kommt man von der Schule an die Universität?! (nicht festgelegt), Abitur existiert noch nicht, die Kompetenz ist größer als ein Titel oder Zertifikat
2. Funktionskrise: Doppelfunktion der Latein- bzw. Gelehrtenschule als allgemeine Stadtschule und als akademische Vorbildungseinrichtung (Doppelfunktion der Lateinschulen: bürgerliche Bildung und Bildung für die spätere Hochschulbildung)
3. Modernitätskrise (Zeit der Aufklärung, Erfahrungswissenschaften entwickeln sich)
4. Infrastrukturkrise: die schulische Infrastruktur wird immer wieder zerstört und es gibt kaum Förderungen durch staatliche Budgets (zwar wächst der Anspruch ans Bildungssystem jedoch gibt es kaum Geld für dieses, da alles Geld ins Militär fließt)

19. Veränderte gesellschaftliche Rahmenbedingungen im 18. Jahrhundert

1. Einführung einer verbindlichen Schulpflicht (aber nur sehr langsame Durchsetzung, es dauerte ca. 100 Jahre bis sie sich endgültig durchgesetzt hat), damit alle lesen, schreiben und rechnen und Religion erlernen können
2. Verstaatlichung des Bildungswesens, Übergang zur Staatschule (die Funktion von Bildung verändert sich)
3. Leistungsgesellschaft/Leistungsprinzip
4. Aufklärung und andere neue intellektuelle Bewegungen (neue inhaltliche Anforderungen an Bildung)

20. Entwicklung des Themas Hochschulzugang in Preußen im 18. Und 19. Jahrhundert

1. Die Unis des 18. Jahrhunderts sind angeblich überfüllt

2. Sie sind mit ungeeigneten Studierenden aus den unteren sozialen Schichten besetzt (aus bloßem Übermut und nur um ihre Familie über ihren Stand zu erheben/seltenes Genie von niederer Herkunft)

3. Gefahr einer zu großen Menge überflüssiger Gelehrter

4. Studienvorbereitung und akademische Ausbildung sind unzureichend

5. Ursache: z.B.: fehlende Übergangs- bzw. Zugangsregelungen

Einführung des Abiturs in Preußen:

- Streitpunkte zwischen Aufklärern und Konservativen:

    - schulische Abgangs- oder universitäre Aufnahmeprüfung

    - Verbindlichkeit der Prüfung, Frage der Studienfinanzierung (Stipendien oder Familie)

- das Oberschulkollegium gibt zwei Reglements heraus (doppeltes Immatrikulationsrecht):

    - für die Prüfung an den Gelehrtenschulen

    - für die Prüfung an den Universitäten

- Regelungen:

    - jeder Studienanfänger muss eine öffentliche Prüfung absolvieren (Zeugnis der Reife oder Unreife) beim Abgang oder beim Zugang

    (während sich hier die schulische Abgangsprüfung durchgesetzt hat geht es in den USA z.B. beim Eintritt in die Universität um die Aufnahmeprüfung und nicht um den Durchschnitt des Abgangszeugnisses – das muss man lediglich besitzen!, in Deutschland haben sie dieses System auch mal ausprobiert – wurde aber wieder abgeschafft)

    (in Preußen konnte man auch studieren wenn die Eignungsprüfung nicht bestanden wurde, nur wenn man ein Stipendium wollte musste man nicht nur an der Eignungsprüfung teilnehmen, sondern diese auch bestehen)

    - ABER: kein Ausschluss vom Studium → fehlende Verbindlichkeit

    - ABER: Vergabe eines öffentlichen Stipendium ist von einem Zeugnis der Reife abhängig

    - keine inhaltliche curriculare Beschreibung der Anforderungen

21. Etablierung und Ausgestaltung des Abiturs (1788-1834)/Institutionalisierung der Reifeprüfung

- **1788: Absolutismus in Deutschland** (Absolutismus = Absolutismus bezeichnet eine bestimmte Staatsform in Monarchien. Der Begriff "absolut" bedeutet uneingeschränkt, total. Er ist in diesem Fall bezogen auf den Monarchen, den König. Er herrscht also absolut. Alles im Staate bestimmt der Herrscher und alle sind von ihm abhängig.)
- **1812:**
    - **viele Veränderungen in Preußen z.B.: der Zusammenbruch des preußischen Staates und eine innere Reformbewegung setzt ein/vom Volk aus**
    - **obligatorische Fixierung des Namens „Gymnasium" anstelle von „Lateinschulen"**
    - **nach 1800 gibt es eine Wiederaufnahme der Debatte über die Gestaltung des Hochschulzugangs**
- **1834:**
    - **Lehrplan/Unterrichtsverfassung für die Gymnasien erst ab 1837 endgültig**
    - **Ausrichtung des Gymnasiums auf den Erwerb der Hochschulreife als Bildungsziel**
    - **Umformung des Gymnasiums, strenge Abgrenzung gegenüber Volks- /Realschulen**
    - **Durchsetzung der Verbindlichkeit der Abiturprüfung für den Hochschulzugang für alle Studienbewerber**
    - **nach 1834 konnte man studieren aber keine Prüfung ablegen**

22. Historischer Kontext

1. Bis 1806 Zeit des Spätabsolutismus (= Konflikt zwischen der Übernahme aufklärerischer Vorstellungen und der konservativen Abwehr und Beharrung), (schulpolitischer Konflikt: Schule als Instrument der Durchsetzung einer neuen leistungsorientierten Sozialordnung)
2. 1806 bis 1815 preußische Reformzeit (Schule als Instrument der Mobilisierung und der Durchsetzung einer neuen gesellschaftlichen Ordnung, deutscher Bildungsidealismus)
3. 1819 bis 1834 Restaurationszeit (konservativer Abwehr der neuen politischen Reformbewegungen), (Schule als Instanz der Reproduktion und des Erhalts der alten Gesellschaftsordnung und als Instrument der Gegenrevolution)

23. das preußisch-deutsche Gymnasium im 19. Jahrhundert

1. Nur EIN Gymnasium bis zum Ende des 19. Jahrhundert (= humanistisches Gymnasium)
2. Die alten Sprachen stehen im Zentrum (ca. 50% des Lehrplans)
3. Strikte Abgrenzung von anderen Schultypen, keine Durchlässigkeit
4. Ist noch eine reine Jungenschule
5. Leistungsschule, hohe Sozialdisziplin
6. Abitur/Hochschulreife, Vorbereitung auf Studium
7. Akademische Lehrerausbildung
8. Etablierung von reinen Mädchengymnasien

24. Das Gymnasium – Dimensionen des Wandels

1. Vom humanistischem Gymnasium zum Typengymnasium
2. Von den alten Sprachen zur Fächervielfalt
3. Nach 1900 nicht mehr nur Jungengymnasien und Mädchengymnasien, sondern auch Gymnasien in denen beide Geschlechter unterrichtet werden
4. Es gibt immer mehr Gymnasien
5. Kontinuierliches Wachstum der Schulbesuche
6. Von der allgemeinen Stadtschule zur abiturkonzentrierten Einrichtung
7. Abschaffung der Vorschulen – die Grundschule als Fundament

25. Veränderung des höheren Schulwesens

Es gibt 4 politische Hauptkonflikte im Hinblick auf das höhere Schulwesen:
1. Kampf um die Stellung der Bürger- und Realschulen (Berechtigungsfrage der nicht-gymnasialen Schulformen), welche Schulen sollen zum Abitur, also zum Hochschulstudium, hinführen?
2. Struktur des höheren Schulwesens und des Hochschulzugangs (führende Rolle des humanistischen Gymnasiums oder auch andere Schulmöglichkeiten um zur Hochschulzugangsberechtigung zu kommen?), (stärkere Öffnung im Hinblick auf die Naturwissenschaften werden gefordert (nicht immer nur Latein und Griechisch))
   → moderne vs. konservative Kräfte
3. Kampf der bürgerlichen bzw. linken Frauenbewegung um:
   - Wahlrecht

- die Öffnung der Universitäten für Frauen
- die Einrichtung zum Abitur führender höherer Mädchenschulen (sind jedoch
  ausschließlich private Schulen mit einer starken hauswirtschaftlichen
  Ausprägung und führten nicht zum Abitur oder Hochschulzugang; die Frauen,
  die studierten gingen ins Ausland – denn in Deutschland war dies nicht möglich)
4. Gemeinsame Basis aller Schulen und Undurchlässigkeit der Bildungswege
(allmähliche Durchsetzung der 4-jährigen staatlichen Grundschule trotz großen
Widerstandes), Abschaffung der gymnasialen Vorschulen

- weitere Konflikte:
5. Stufenweise Gleichstellung der 3 höheren Schultypen bei der Berechtigungsfunktion
des Abschlusses/Abitur (humanistisches Gymnasium (Latein und Griechisch),
Realgymnasium (nur Latein, Naturwissenschaften und Mathe) und
Oberrealschule(enthält keine alten Sprachen mehr, sondern Englisch, Französisch,
Naturwissenschaften und Mathe)) endgültig im Jahre 1900
    → alle drei Schultypen werden gleichgestellt und führen ab Ende des 19.
    Jahrhunderts zum Abitur
6. Vielfalt höherer Schulen z.B.: Reform- und Progymnasien
    - Reformgymnasium: es findet eine veränderte Sprachenfolge statt (moderne
    Sprachen statt alte Sprachen)
    - Progymnasium: hat keine gymnasiale Oberstufe
7. Öffnung der Universitäten für Frauen ab 1908 in Deutschland
8. Aufbau eines zum Abitur führenden höheren Schulwesens für Mädchen
    - für Mädchen wurde eine bunte Vielfalt an staatlichen Schulen gegründet (es
    waren die gleichen Schultypen wie die Jungenschulen, nur hatten die
    Mädchenschulen andere Namen, z.B.: hieß bei ihnen das Realgymnasium
    Lyzeum)
9. Es gab weitere Schulsondertypen, z.B.: das Abendgymnasium (2. Bildungsweg) und
die deutsche Oberschule
    → bis 1930 ca. 20 verschiedene Gymnasialtypen

26. Andere (nicht-höhere) Schulformen/Was passierte neben dem Gymnasium?

1. Seit dem 19. Jahrhundert langsamer Ausbau des städtischen und ländlichen
Volksschulwesens (Stadt- und Landschulen)

- z.b.: Elementarschule und Armenschule

- Bildungsziele: Religion und Muttersprache mit dem Ziel der

  Sozialdisziplinierung

- es gab keine Qualifikationsziele, die politische Sozialisation war sehr wichtig

- nicht Bildung war das Ziel, sonder eine volkstümliche Erziehung

- die Volksschule dient dem praktischen Leben in der Kirche, Familie, Beruf,

  Gemeinde und Staat

- im Unterschied zu den höheren Schulen sind die Volksschulen schulgeldfrei

2. Im 19. Jahrhundert bildet sich ein mittlerer Schulweg (zwischen Stadt-/Landschulen

und höheren Schulen)

- dies sind „lateinlose Mittelschulen" → im 20. Jahrhundert gehen daraus die

  Realschulen hervor

- im mittleren Schulwesen ist Englisch die führende Fremdsprache

3. Aus den Kämpfen um die Einheitsschule geht die 4-jährige gemeinsame Grundschule

hervor/Auflösung der Vorschulen

4. Langsamer Ausbau des mittleren Schulwesens/Annäherung mit den Realschulen,

Einführung einer mittleren Reife

5. Ab 1920 Verfestigung eines 3-gliedrigen Schulwesens

27. Gymnasium im Nationalsozialismus

1. **Definition:** Der Nationalsozialismus war/ist eine politische Bewegung, die in Deutschland nach dem Ersten Weltkrieg entstand und von Adolf Hitler (1889-1945) und seiner Partei angeführt wurde. Von 1933 bis 1945 herrschte in Deutschland eine nationalsozialistische Diktatur.

Der Nationalsozialismus vertrat verschiedene Konzepte unterschiedlicher Herkunft.

Rassenlehre:

Die germanische Rasse bezeichnete Adolf Hitler als höherwertiger "Herrenrasse". Schwarze, Slawen, Schwulen (Lesben hatten Glück) Juden und Zigeuner galten als "Minderwertig".

Antisemitismus:

Hitler behauptete, die arische Rasse müsse "rein" gehalten werden. Juden, politische Gegner, Zigeuner und Schwule aus Deutschland und besetzen Gebieten wurden vertrieben und zu Millionen in Konzentrationslager- und Vernichtungslager ermordet.

2. Ab 1933: Einführung des Führerprinzips an den Schulen

3. Stufenweise Anpassung der Lehrpläne an die nationalsozialistische Weltanschauung (Rassenlehre, usw.)

4. Bildungsziele: Vorrang von Charaktererziehung (nationalsozialistisch) vor dem intellektuellen Lernen

5. Gesetz gegen die Überfüllung der deutschen Schulen und Hochschulen, Einführung von Zulassungsquoten für Frauen und Juden

6. Vereinheitlichung der höheren Schultypen

7. Verkürzung der Schulzeit im Gymnasium (insgesamt 12 Jahre bis zum Abitur)

8. Sonderformen: Adolf-Hitler-Schulen (Erziehung der Hitlerjugend), vormilitärische Erziehung

28. Was heißt „Steuerung" in der Bildung?

(= Meint die Verfahren und Formen der politisch-administrativen Steuerung des Bildungssystem und der Bildungsentwicklung)

1. Was heißt Steuerung?, Wie wird gesteuert?, Wer steuert?

- die Steuerung erfolgt über die Gesetzgebung (z.b.: **Schulgesetze, Verordnungen** und **Erlasse**/diese drei sind die wichtigsten Instrumente der Steuerung)

 - Verordnungen und Erlasse: sind bürokratische Anordnungen, z.b. durch Ministerien

- Steuerung findet auch durch Verträge und Vereinbarungen statt, durch inhaltliche Normierung (Curricula z.B.), durch Personalpolitik, durch Aufsicht und Kontrolle und durch Qualitätssicherung (durch Evaluation z.B.)

2. Bildungspolitische Akteure und Instanzen:

 - **Staat (Parlamente, Verwaltung), Private Träger, Markt und Wettbewerb, internationale Institutionen, Bildungspersonal und Interessengruppen**

3. Die 5 verschiedene Steuerungsebenen:

 1. Ebene: internationale Ebene

  - (diese Ebene wird häufig unterschätzt)

  - Ist Bildung eine Dienstleistung oder nicht?!

  - Ist Bildung eine Handelsware?! (USA sagt ja)

  - offener Weltmarkt an Bildungsdienstleistungen?!

  - TTIP = ein Abkommen zwischen den USA und der EU, welches massiv
    kritisiert wird wegen seiner Intransparenz (z.B.: genmanipulierte Lebensmittel
    von den USA nach Deutschland)

2. **Ebene: zentrale Ebene**

3. **Ebene: föderale Ebene**

4. **Ebene: regionale und lokale Ebene**

5. **Ebene: die Institution selber**

   - New Public Management

   - Stärken der personalen Kompetenz

   - Einfluss auf Curricula

   - stärkere Selbstständigkeit

4. **Steuerung in Deutschland:**

   - **Kommunen (für die Ausstattung der Schulen sind die Kommunen**

   verantwortlich)

   - **Private Träger**

   - **Bund**

   - **bildungspolitisches Ziel: Stärkung der Selbststeuerungsfähigkeit von**

   Institutionen

   - **Kommunen als Bildungsträger (Schule, Weiterbildung)**

   - **Länder (Kultusministerkonferenz (KMK))**

29. Politikverflechtung

- es sind immer mehrere Instanzen an politische Entscheidungen beteiligt

- Kulturföderalismus: Kulturhoheit der Länder als Inbegriff ihrer Eigenstaatlichkeit

- begrenzte Kompetenzen des Bundes in der Bildungspolitik (z.b.: Bafög, Berufsbildung)

- vertikale Politikverflechtung: (= hierarchische Dimensionen) z.b.: Bund, Länder, Kommune

- horizontale Politikverflechtung: (Kultusministerkonferenz, Kulturföderalismus)

- Differenzierung zwischen inneren (pädagogischen) und äußeren (Schulträgeraufgaben)

Schulangelegenheiten

30. Differenzierung nach Bildungssektoren: Prinzip der „abnehmenden Staatlichkeit"

- **Schule:** hauptsächlich staatlich, aber es gibt auch einen schmalen privaten Sektor

(Ersatzschulen)

- **Ersatzschulen:** Schule in freier Trägerschaft (finanziert von Privatpersonen oder von der

Kirche, o.Ä.), die anerkannte Abschlüsse bietet, an der die Schulpflicht erfüllt werden kann,

z.B.: Waldorfschule, Montessori Schule

- **Hochschule:** hauptsächlich staatlich, aber sich vergrößernder privater Sektor (die

Studentenzahl ist nicht so hoch, da die Hochschulen keine großen Fächervarietäten anbieten, außerdem sind die Studiengebühren sehr hoch und es gibt strikte Auswahlverfahren)

- **berufliche Bildung:** gemischte Zuständigkeit im Hinblick auf:
    - die private betriebliche Ausbildung (Rolle des Staates nimmt hier ab)
- **Erwachsenen- und Weiterbildung:** starke Privatisierung (geringe staatliche Steuerung)

31. Unterscheidung von privaten Organisationen (Bildungseinrichtungen in freier Trägerschaft)

- Gewerkschaften, kirchliche Trägerschaft, private Organisationen

32. Finanzierungsmodalitäten

- private Sponsoring
- Gebühren (privat)
- staatlicher Zuschuss
- Erträge und Überschüsse

33. Schulen in freier Trägerschaft (Privatschulen)

1. **Starkes Wachstum der Privatschulen**
2. **Ursachen dafür:**
    - **Unzufriedenheit mit den öffentlichen Schulen**
    - **besondere pädagogisch-erzieherische Ansprüche**
    - **besondere Karriereambitionen**
3. **Unterscheidung des Privatschulsektors:**
    - **kirchliche Schulen**
    - **internationale Schulen**
    - **For-profit-Schulen**
4. **Unterscheidung zwischen Ersatz- und Ergänzungsschulen (z.B.: Musikschulen, Sprachschulen), aber Fokus auf Ersatzschulen**
5. **Ersatzschulen entsprechen den Bildungsgängen öffentlicher Schulen und führen zu den üblichen Abschlüssen**
6. **Auch Privatschulen unterliegen der Steuerung durch den Staat. Formen der Einflussnahme sind:**
    - **staatliche Anerkennung der Abschlüsse**
    - **Verpflichtung im Hinblick auf die geltenden Regelungen bei Abschlüssen und Prüfungen, etc.**

- Finanzierung (der Staat trägt die Personalkosten vollständig oder anteilig)

7. Fazit:

Privatschulen haben den Mindestanforderungen öffentlicher Schulen zu entsprechen (Minimum). Sie dürfen aber „mehr" anbieten/leisten (können zusätzliches Fächerangebot haben und andere Aktivitäten) und sie dürfen auch versuchen die Ziele auf anderen Wegen zu erreichen (Didaktik)

8. Laut PISA-Daten bedeutet der Besuch einer Privatschule keine „höhere" Qualität (Kompetenzen, Leistungen) im Vergleich zu öffentlichen Schulen

34. Lernen (formell, non-formell, informell)

a):

1. Formelles Lernen:

Formelles Lernen erfolgt in den regulären Institutionen des Bildungssystem und ist strukturiert und organisiert und führt zu regulären Abschlüssen und Zertifikaten

2. Non-formelles Lernen:

Non-formelles Lernen erfolgt in anderen Institutionen, ist zwar strukturiert, führt aber nicht zu regulären Abschlüssen und Zertifikaten (z.B.: Erwachsenenbildungseinrichtungen, aber: manchmal führen auch diese zu Abschlüssen und dann wäre es quasi eine formale Bildung in einer non-formalen Einrichtung)

3. Informelles Lernen:

Infomelles Lernen ist ungesteuertes Lernen in alltäglichen Handlungssituationen (z.B.: am Arbeitsplatz, in der Familie, durch Medien, etc.). Überall finden nicht strukturierte Lernprozesse statt die zu einem Wissenszuwachs führen. Informelle Lernprozesse finden außerhalb von Bildungsinstitutionen statt, aber: der Prozess kann auch in einer Bildungsinstitution „nebenbei" stattfinden.

b): Menschen lernen nicht nur in Institutionen und Organisationen

c): Life-Long-Learning

d): der Hauptanteil menschlichen Lernens entfällt auf informelles Lernen

35. Hochschulen in Deutschland (relativ aktuell)

- viel Durchlässigkeit in den Strukturen des Bildungssystems (es gibt so gut wie keine Sackgassen mehr)

- die Abstiegsmobilität ist größer als die Aufstiegsmobilität (es ist schwieriger von der Realschule aufzusteigen, etc.)

- das Gymnasium ist die stärkste Schulform im Sekundärbereich I

- mehr Hochschulabschlüsse, starkes Wachstum
- deutlicher Strukturwandel der Bildungsbevölkerung → höhere Bildung
- fast die Hälfte der Schüler die eine Studienzugangsberechtigung haben, machen keinen Hochschulabschluss
- viele Abiturienten sind im Goldschmiedberuf und im Bankenberuf
- unser Hochschulwachstum wächst und wächst
- wenn alle, die eine Hochschulzugangsberechtigung haben studieren würden, wäre das ein großes Problem, da es zu wenig Leute in der Berufsausbildung gäbe
- die Studienberechtigtenanzahl bleibt relativ konstant, die Studienanfängerquote steigt jedoch rasant (etwa 70% aller Studienberechtigten nehmen auch ein Studium auf)